Renate Sültz & Uwe H. Sültz

Kreuzfahrt Tagebuch

BoD - Books on Demand

Norderstedt 2019

Bibliografische Information durch die Deutsche Nationalbibliothek

Die Deutsche Nationalbibliothek verzeichnet diese Publikation in der Deutschen Nationalbibliografie; detaillierte bibliografische Daten sind im Internet über http://dnb.dnb.de abrufbar.

© 2019 Renate Sültz & Uwe H. Sültz

Herstellung und Verlag:

BoD – Books on Demand, Norderstedt

ISBN 9-78373-4-74163-0

Dieses Logbuch gehört:
Name:

Adresse:

Telefon/Handy/E-Mail:

Reisebeginn/Reiseende:

Wer reist mit:

Im Falle eines Falles ist zu verständigen:

Vorwort vom Autorenteam Sültz auf Sylt:

In dieses Kreuzfahrt-Logbuch werden während der Reise alle wichtigen Erlebnisse und Ereignisse eingetragen.

Das können Informationen über das Schiff sein, über die Qualität des Essens an Board, über die Reiseroute, über den Seegang, das Wetter, über Erlebnisse an Land oder auch über neue Bekanntschaften und deren Kontaktdaten.

Begonnen wird das Tagebuch mit wichtigen Vorbereitungen, die auf jeden Fall vor der Reise durchzuführen sind, um ein gutes Gefühl zu haben, dass alles seine Ordnung hat.

Ahoi an Board und alles Gute
wünscht das Autorenteam
Sültz auf Sylt

Urlaubs-Checkliste In- und Außland

- Adressanhänger
- Adressen
- Ausweiskopie
- Batterien / Akkus
- Bindfaden
- Dosenöffner
- Flaschenöffner
- Fliegenklatsche
- Fotoapparat
- Gastgeschenk
- Kerze
- Korkenzieher
- Ladegerät
- Lebensmittel und Getränke
- Müllbeutel / Tüten
- Nähzeug / Sicherheitsnadeln
- Regenschirm
- Reisebügeleisen
- Schere
- Schraubenzieher
- Schreibzeug / Papier
- Schuhanzieher
- Sonnenbrille
- Streichhölzer / Feuerzeug
- Tagebuch
- Taschenlampe
- Taschenmesser
- Taschenrechner
- Tauchsieder
- Wäscheklammern/-leine
- Wecker
- Toilettenpapier

- Ausweiskopien
- Flug-/Bahntickets
- Geld
- Grüne Versicherungskarte
- Hausschlüssel
- Führerschein
- Krankenversicherungskarte
- Kreditkarte
- Notfalltelefonnummern
- Personalausweis/Reispass
- Reiseversicherungsschein
- Reservierungen
- Schutzbrief
- Surf-, Tauch-, Segelschein
- TANs (Onlinebanking)
- Visum

Brille

Fotoapparat

Reisekrankheit

wichtige Medikamente

Urlaubs-Checkliste In- und Außland

- Adresse deutsche Botschaft
- Int. Führerschein
- Traverlerschecks
- Auslandskrankenversicherung
- Geld wechseln
- Kreditkarte
- Grüne Versicherungskarte
- Reiseführer / Wanderkarte
- Hotelführer / Campingführer
- Reisegepäck- / Rücktrittsversicherung
- Impfungen
- Reservierungsdetails
- Kohletabletten
- Kopfschmerz-Tabletten
- Sonnenbrandcreme
- Mückenschutz
- Traubenzucker
- Erkältung/Nasenspray
- Pflaster / Schere
- Ersatzbrille
- Pille / Kondome
- Wärmflasche
- Fieberthemometer
- Eigene Medikamente
- Wund-/ Brandsalbe
- Zeckenzange /-schutz
- Impfpass / Blutspenderpass

- Arzt und Zahnarzt besuchen
- Haustier versorgen
- Wertsachen deponieren/verstecken
- Ausweise noch gültig?
- Kehrwoche organisieren
- Wichtige Zahlungen erledigen
- Ausweise scannen/ausdrucken
- Wohnungs-/Autoschlüssel hinterlegen
- Blumengießen organisieren
- Post abbestellen / Nachbarn
- Zeitschaltuhr anschalten
- Rolladen auf und zu organisieren
- Zeitung um-/abbestellen
- Einfuhrbestimmungen für Haustier
- Fahrzeug zur Inspektion
- Handy und Ladegerät
- Mehrfachstecker
- Prepaidkarte
- Ipod/Ipad
- Ladegerät
- Laptop und Ladegerät
- PIN und PUK USB-Stick
- Prepaidkarte aufladen

Urlaubs-Checkliste In- und Außland

Handcreme	Abendbekleidung
Seife	Jogginganzug
Brillenputztücher	Slips
Kamm	Bademantel
Sonnenmilch	Kleid/Rock
Bürste	Sportbekleidung
Kontaktlinsenpflege	Badesachen
Spiegel	Kleiderbürste
Deo	Strickjacke
Körpercreme / Bodylotion	Schlafanzug/Nachthemd
Tampons/Binden	Lange Hosen
Duftwasser	Strümpfe/Socken
Kosmetiktücher Taschentücher	Strumpfhosen
Duschzeug	Sweatshirt
Wattepads	Gürtel
Ersatzbrille	Mütze
Nagelbürste	T-Shirt
Wattestäbchen	Pullover
Fön	Handtasche
Nagelfeile/Nagelschere	Regenjacke
Zahnbürste/Zahnseide	Rucksack/Tasche
Nagellack/-entferner	Wanderbekleidung/Schuhe
Zahnpasta/Mundwasser	Hemd/Bluse
Parfüm	Schal/Halstuch/Kopftuch
Haarshampoo	Waschlappen
Rasierzeug	Schmuck
	Jacken
	Schuhe/Hausschuhe

Urlaubs-Checkliste In- und Außland

Auto-Kindersitz	Tier-Ausweis
Fieberthermometer	Decke/Körbchen
Flasche	Futter/Leckerlies
Fluortabletten	Halsband/Leine
Geschirr/Besteck	Impfungen
Glässchenayern	Kottüten
Kindersicherung (Steckdose…)	Näpfe
Kinderwagen	Spielzeug
Knuddeltiere	Wasser f. d. Fahrt
Nuckel	
Pflegetücher	Abschleppseil
Pürierstab	Auto-Club-Mitgliedskarte
Rassel	Auto-Schutzbrief
Reisebett	Batterie checken
Schlafanzug	Beleuchtung
Schlafsack	Betriebsanleitung
Schwimmflügel	Eiskratzer
Sonnenhut	Fahrzeugschein
Spielzeug	Feuerlöscher
Sweatshirt	Nuss für Felgenschloss
Töpfchen	Öl, Luft, Wasser
T-Shirts	Parkscheibe
Wickeltasche	Reifen checken, Druck?
Windeln	Reservebirnen
Wundsalbe	Verbandskasten
	Warndreieck
	Warnweste
	zweiter Autoschlüssel

Urlaubs-Checkliste In- und Außland

Eigene Angaben:

Checkliste vor der Fahrt/Flug/Reise

Antennen-Stecker ziehen
Adresse hinterlassen
Schlüssel hinterlegen
Anrufbeantworter?
Auto aus dem Parkverbot
Bücher zurück in Bücherei
Bügeleisen/Herd/Kaffeemaschine aus
Fenster/Türen/Rollläden gesichert?
Haus abschließen
Heizung/Warmwasser aus
Kühlschrank leeren
Licht aus (Zeitschaltuhr?)
Müll raustragen
Stand-Bys ausschalten
Wasser abdrehen

... eigene Angaben:

Meine Erlebnisse:
Datum:

Wetter:

Meine Erlebnisse:
Datum:

Wetter:

Meine Erlebnisse:
Datum:

Wetter:

Meine Erlebnisse:
Datum:

Wetter:

Meine Erlebnisse:
Datum:

Wetter:

Meine Erlebnisse:
Datum:

Wetter:

Meine Erlebnisse:
Datum:

Wetter:

Meine Erlebnisse:
Datum:

Wetter:

Meine Erlebnisse:
Datum:

Wetter:

Meine Erlebnisse:
Datum:

Wetter:

Meine Erlebnisse:

Datum:

Wetter:

Meine Erlebnisse:
Datum:

Wetter:

Meine Erlebnisse:
Datum:

Wetter:

Meine Erlebnisse:
Datum:

Wetter:

Meine Erlebnisse:
Datum:

Wetter:

Meine Erlebnisse:
Datum:

Wetter:

Meine Erlebnisse:
Datum:

Wetter:

Meine Erlebnisse:
Datum:

Wetter:

Meine Erlebnisse:
Datum:

Wetter:

Meine Erlebnisse:
Datum:

Wetter:

Meine Erlebnisse:
Datum:

Wetter:

Meine Erlebnisse:
Datum:

Wetter:

Meine Erlebnisse:
Datum:

Wetter:

Meine Erlebnisse:
Datum:

Wetter:

Meine Erlebnisse:
Datum:

Wetter:

Meine Erlebnisse:
Datum:

Wetter:

Meine Erlebnisse:
Datum:

Wetter:

Meine Erlebnisse:
Datum:

Wetter:

Meine Erlebnisse:
Datum:

Wetter:

Meine Erlebnisse:
Datum:

Wetter:

Meine Erlebnisse:
Datum:

Wetter:

Meine Erlebnisse:
Datum:

Wetter:

Meine Erlebnisse:
Datum:

Wetter:

Meine Erlebnisse:
Datum:

Wetter:

Meine Erlebnisse:
Datum:

Wetter:

Meine Erlebnisse:
Datum:

Wetter:

Meine Erlebnisse:
Datum:

Wetter:

Meine Erlebnisse:
Datum:

Wetter:

Meine Erlebnisse:
Datum:

Wetter:

Meine Erlebnisse:
Datum:

Wetter:

Meine Erlebnisse:
Datum:

Wetter:

Meine Erlebnisse:
Datum:

Wetter:

Meine Erlebnisse:
Datum:

Wetter:

Meine Erlebnisse:
Datum:

Wetter:

Meine Erlebnisse:
Datum:

Wetter:

Meine Erlebnisse:
Datum:

Wetter:

Meine Erlebnisse:
Datum:

Wetter:

Meine Erlebnisse:
Datum:

Wetter:

Meine Erlebnisse:
Datum:

Wetter:

Meine Erlebnisse:
Datum:

Wetter:

Meine Erlebnisse:
Datum:

Wetter:

Meine Erlebnisse:
Datum:

Wetter:

Meine Erlebnisse:
Datum:

Wetter:

Meine Erlebnisse:
Datum:

Wetter:

Meine Erlebnisse:
Datum:

Wetter:

Meine Erlebnisse:
Datum:

Wetter:

Meine Erlebnisse:
Datum:

Wetter:

Meine Erlebnisse:
Datum:

Wetter:

Meine Erlebnisse:
Datum:

Wetter:

Meine Erlebnisse:
Datum:

Wetter:

Meine Erlebnisse:
Datum:

Wetter:

Meine Erlebnisse:
Datum:

Wetter:

Meine Erlebnisse:
Datum:

Wetter:

Meine Erlebnisse:
Datum:

Wetter:

Meine Erlebnisse:
Datum:

Wetter:

Meine Erlebnisse:
Datum:

Wetter:

Meine Erlebnisse:
Datum:

Wetter:

Meine Erlebnisse:
Datum:

Wetter:

Meine Erlebnisse:
Datum:

Wetter:

Meine Erlebnisse:
Datum:

Wetter:

Meine Erlebnisse:
Datum:

Wetter:

Meine Erlebnisse:
Datum:

Wetter:

Meine Erlebnisse:
Datum:

Wetter:

Meine Erlebnisse:
Datum:

Wetter:

Meine Erlebnisse:
Datum:

Wetter:

Meine Erlebnisse:
Datum:

Wetter:

Meine Erlebnisse:
Datum:

Wetter:

Meine Erlebnisse:
Datum:

Wetter:

Meine Erlebnisse:
Datum:

Wetter:

Meine Erlebnisse:
Datum:

Wetter:

Meine Erlebnisse:
Datum:

Wetter:

Meine Erlebnisse:
Datum:

Wetter:

Meine Erlebnisse:
Datum:

Wetter:

Meine Erlebnisse:
Datum:

Wetter:

Meine Erlebnisse:
Datum:

Wetter:

Meine Erlebnisse:
Datum:

Wetter:

Meine Erlebnisse:
Datum:

Wetter:

Meine Erlebnisse:
Datum:

Wetter:

Meine Erlebnisse:
Datum:

Wetter:

Meine Erlebnisse:
Datum:

Wetter:

Meine Erlebnisse:
Datum:

Wetter:

Meine Erlebnisse:
Datum:

Wetter:

Meine Erlebnisse:
Datum:

Wetter:

Meine Erlebnisse:
Datum:

Wetter:

Meine Erlebnisse:
Datum:

Wetter:

Meine Erlebnisse:
Datum:

Wetter:

Meine Erlebnisse:
Datum:

Wetter: